AF299405

N.º 1

VOYELLES

a u o y i
a u é o è y i
a u é e o e è y i

CONSONNES

l b j z q t m n p
l b j z d q g t m n p
l b j z d c q x g t m n p
r j v d h f q f k s v r s

EXERCICE

bade   biné   bête   bure   dore   bile
rave   rivé   rêve   rude   robe   rixe
sale   si, ré sève   sure   sole   site
fade   filé   fête   fume   vole   fixe
taxe   tiré   tête   tube   tore   tire
pape   pilé   pêne   pure   pore   pire
gaze   vidé   père   dure   note   dire

ma mère me mènera à l'école samedi,
l'élève sale sera puni, le diné finira à
midi, papa fumera sa pipe, le curé sera
fêté, la solidité du navire, du café moka,
le père me dira la vérité, le pape te bé-
nira, une jupe à la mode, la note de la
dame, l'ami du mari, l'ami fera une lyre.

AVIS. — Voyelles. — L'Oreille sert à faire connaître O; l'Image, I; l'Arrosoir, A; l'Usine, U; l'I, Y; l'E-
chelle, É; Eve È.
Consonnes. — Le Coq sert à faire connaître Q; la Corde, D; Zigzag, G; Douze, Z; la Plume, M; la Chaîne,
N; la Cuve, V; l'Armoire, R; les Etoiles, L; la Robe, B; le Q, C, K; la Pipe, P; la Marmite, T; l'Accent
circonflexe, X; l'Anse, S.
Pour les procédés, voir mon Premier Livre de Lecture, où l'on trouvera aussi pour les exercices d'épellation
les syllabes et les mots correspondant à chaque tableau.

MÉTHODE DE LECTURE, PAR J.-M. LORY, INSTITUTEUR. — T, HAUVESPRE IMP. ET EDIT.

VOYELLES COMPOSÉES.

on an in ou un ai oi
on an in eu ou ai un ai oi
on an in eu ei ou ei ai un ai oi

CONSONNES COMPOSÉES.

gn qu ch gu ill
gn qu ph ch ph gu ill
gn qu ph gu ch gu ph gu ill

EXERCICE.

bouton	boudin	boire	manchon	vaine	peine
boulon	rondin	poire	bande	raide	reine
foulon	moulin	foire	tante	laide	teigne
poumon	béguin	moire	cancan	chaine	peigne
mouton	faquin	noire	danse	maire	seine

Le cheveu, un aveu, un peu, un vœu,
le jeune élève a chanté une chanson
morale à ma tante, le coucou a chanté,
on a déchiré mon pantalon de nankin,
un marin a acheté la laine du mouton,
la veuve du moulin demande une meu-
le neuve, le pinson chante de bon matin, amène-moi la voiture, je te mènerai
à la fête, va boire le vin du vigneron.
On a fondu un canon. Aide-moi, mon ami,
peigne-toi, je te mènerai à la foire de mai
ou à la foire de juin. Je boirai du café moka. On a vu la comète, le phare éclaire
le marin, on a taillé la vigne.

MÉTHODE DE LECTURE, PAR J.-M. LORY, INSTITUTEUR. — RENNES, T. HAUVESPRE IMP. ET ÉDIT.

N.º 3.

blâme,	fable,	le blé,	bloqué,	bluté,
plate,	couple,	triplé,	éploré,	plumé,
flaque,	rafle,	ronflé,	flore,	flûte,
glane,	règle,	jonglé,	globe,	glume,
claque,	boucle,	la clé,	cloche,	conclure,
brave,	sabre,	sabré,	brèche,	bride,
praline,	propre.	le pré,	prêche,	privé,
drame,	poudre,	poudré,	drêche,	triché,
trame,	neutre,	vitré,	trêve,	grive,
grave,	nègre,	degré,	grêle,	crime,
craque,	sacre,	crépi,	crêpe,	triplé,
spatule,	stature,	stérile,	spirale,	stable,
scalène,	statique,	spécule,	sphère,	stupide,

bleu,	croute,	blanche,	droite,	tringle,
pleure,	glouton,	planche,	croire,	cran,
fleuri,	prouve,	glande,	cloître,	déclin,
pleutre,	trouve,	branche,	froide,	scrutin,
preuve,	groupe,	grande,	croître	scribe,

EXERCICE.

écoute le prêtre, prête-moi un livre agréable à lire, mon frère trouva une cruche pleine de sucre en poudre, on a blâmé le nègre qui a ébréché son sabre, achète une plume, une règle, une flûte, voilà une créature probe, propre, aimable, mène le sablon ou le plâtre proche du pré, la foudre brûla notre église, notre chèvre broute, on agrandira la tribune, la cloche de l'école, la stérilité du domaine, une boucle de bronze, le frère coupable.

MÉTHODE DE LECTURE, PAR J.-M. LORY, INSTITUTEUR. — RENNES, 7, HAUVESPRE IMP. ET ÉDIT.

N.° 4.

acte	alto	arme	ordre	un bol	sévir
bac	le bal	barbe	bordé	un col	subir
pacte	le pal	partir	dortoir	le sol	finir
dactile	le val	dartre	tordre	le dol	périr
tactique	talmud	tartre	forbu	un cor	frémir
facture	le mal	varlope	morte	la cour	partir
sac	cal	sardine	corne	le four	mourir

bèrne	resté	berloque	ferme	destin	avec
terme	versé	mercure	veste	festin	le sel

bric-à-brac	sabreur	structure	scorsonère
tric-trac	sarcleur	scrupule	sépulcral

EXERCICE

le bivac, le cornac, le salpêtre, le colonel, le trafic, le profil, le zigzag, le lecteur, la cherté, le nectar, le docteur, le facteur, le bec, ferme ta porte, pour finir le col, cherche la facture du colonel, servir un infirme, termine ta lecture, j'ai peur du monstre, franchir le mur du jardin, couvre la marmite, garde ta lanterne, subir la torture, le tour de la bourgade, la palme du martyre, ouvrir la porte du dortoir, la cherté du blé-noir, partir, faire du trafic, le marbre de l'architecte, pratique la vertu, tourne l'arbre, soigne l'infirme, l'âne cherche le chardon, mon frère a mal à la poitrine, la chair du cochon, la formule de l'acte, il a un caractère insupportable, demande une tartine à ta mère pour l'orphelin, la croupe du cheval, porte ma bourse.

N.º 3.

diable,	bière,	violon,	viande,	bien,	sien,
diacre,	diète,	viorne,	piéton,	mien,	tien,
fiacre,	fièvre,	miel,	sieur,	rien,	gardien,
piano,	siècle,	piètre,	friande,	chien,	soutien,
viable,	fière,	piété,	plioir,	lien,	viatique,

ail se lira aille — eil se lira eille
euil se lira euille

un bail,	émail,	deuil,	Verneuil,	soleil,
un rail,	portail,	seuil,	fauteuil,	pareil,
travail,	corail,	treuil,	œil,	réveil,

1° c se lira s avec e , é , è , i , y : ce, cédé cèdre, cidre, cygne, cigale, cigare, etc.

2° g se lira j avec e, é, è, i, y : ménage, gémir, gêne, giberne, gypse, rage, etc.

3° ç se lira s : leçon, reçu, il plaça, le garçon, etc.

4° t se lira s avec ion, ial, iel, ien : nation, portion, partiel, martial, patience, ration, etc.

5° s précédé et suivi de a, e, é, è, i, o, u ou y, se lira z : maison, rasé, case, mise, etc.

EXERCICE.

ceci glace le cœur, récite ta leçon, la gélatine, pratique la religion, aime la justice du juge, la façade de la maison, un vase d'argile, évite la ruse, une mauvaise édition, oblige le pauvre, consulte et imite le sage, va me cueillir une rose, le voisin change de maison, il fera un bail, évite l'orgueil, il dira sa prière à son réveil, le magasin du confiseur, la piété du gardien, le chien fidèle, le voisinage de la rivière, la blouse du garçon.

MÉTHODE DE LECTURE, PAR J.-M. LOBY, INSTITUTEUR. — RENNES, T. HAUVESPRE IMP. ET ÉDIT.

N.° 6.

an			ô		on
am	en	em	au	eau	om
jambe	pente	tempe	faute	beauté	bombe
lampe	tente	temple	taupe	la peau	pompe
rampe	fente	semble	saute	rateau	tombe

in					
im	ain	aim	ein	yn	ym
limbe	la main	faim	le sein	syntaxe	nymphe
timbre	le pain	daim	le frein	lynx	lymphe

e		è			
eu	œu	ai	ei	es	et
heure	sœur	maire	peine	des, ces	projet
peur	bœuf	repaire	reine	mes, les	corset

è			ii		um
ai	ez	er	y		um
je criai	le nez	boucher	tuyau	noyau	parfum
je niai	vous riez	prunier	noyé	ployé	
je reliai	vous liez	aimer	choyé	loyal	

EXERCICE

un rouleau de papier, la peau de la taupe, faire amputer un membre, un rameau de bouleau, aimez votre père et votre mère, portez votre fardeau, économisez sur votre travail, je remerciai mon bienfaiteur, le tuyau du poêle est usé, respectez le malheur, le moineau mange les chenilles, secourez le pauvre, consolez celui qui pleure, peindre un bureau, porte le marteau à ton père, il se promène en bateau sur la rivière, le niveau de l'eau, il prendra un bain demain matin, il a rompu le bâton, il a mal à la jambe, il mange du pain noir, la bombe a éclaté, le parfum embaume l'air, le boucher a acheté un veau, le rocher s'est fendu.

MÉTHODE DE LECTURE, PAR J.-M. LORY, INSTITUTEUR. — RENNES, T. HAUVESPRE IMP. ET EDIT.

N.° 7.

on ne dira pas le s, ni le t, ni le x, ni le d, ni le b, ni le p.., etc., à la fin d'un mot: mépris, gris, gros, finit, ceux, drap, etc.
le double tt se lira t: lutte, latte, patte, etc.
le double pp se lira p: nappe, grippe, etc.
le double ff se lira f: biffé, griffé, raffiné, etc.
le double ss se lira s: masse, crasse, etc.
le double mm se lira m: comme, flamme, etc.
le double nn se lira n: bonne, donna, etc.
ée, ées se liront é à la fin d'un mot: aimée, liées, décidées, coupées, etc.
les lettres nt ne se liront pas à la fin des mots devant lesquels on pourra lire le mot ils.

EXERCICE

les enfants lisent, ils lisent, les préfets approuvent les arrêtés des maires, ils approuvent, les maîtres affirment, ils affirment, les riches donnent l'aumône, ils donnent, les hommes passent, ils passent, avoir du respect pour le malheur, je ne veux pas mentir, je prends soin de l'orphelin, nous avons dix doigts, deux pieds, tu vends des noix, suivez des conseils prudents, le bras de la croix, un gros matelas de crin, faites-moi une addition, nous avons cinq sens: le toucher, la vue, l'ouïe, l'odorat et le goût, voici les noms des doigts: le pouce, l'index, le majeur, l'annulaire, l'auriculaire; le pommier, le prunier, le pêcher, sont des arbres fruitiers, la bière est une boisson rafraîchissante, une journée bien employée.

MÉTHODE DE LECTURE, PAR J.-M. LORY, INSTITUTEUR. — RENNES, T, HAUVESPRE, IMP. ET ÉDIT.

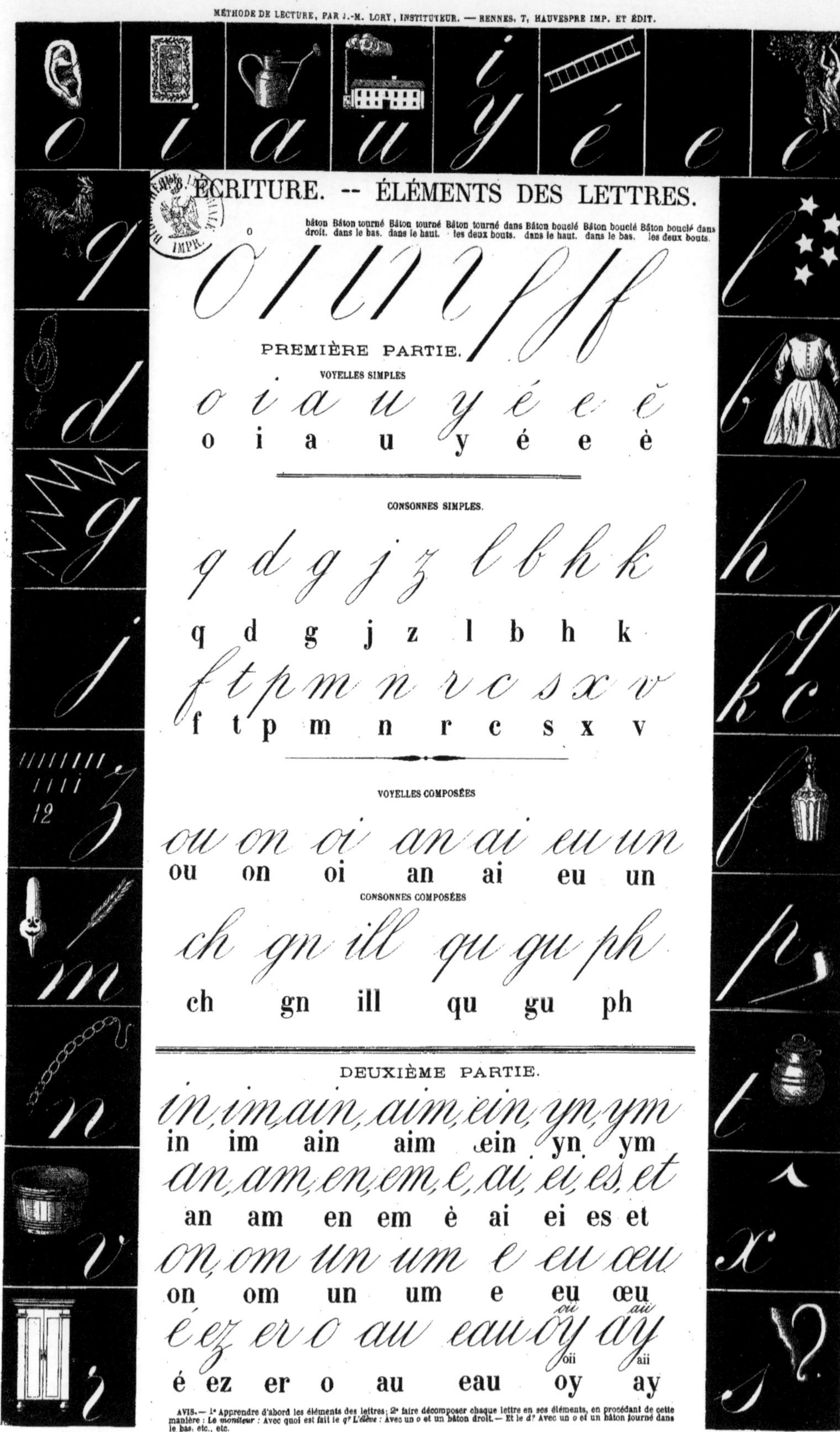

ÉCRITURE. -- ÉLÉMENTS DES LETTRES.

bâton Bâton tourné Bâton tourné Bâton tourné dans Bâton bouclé Bâton bouclé Bâton bouclé dans
droit. dans le bas. dans le haut. les deux bouts. dans le haut. dans le bas. les deux bouts.

PREMIÈRE PARTIE.

VOYELLES SIMPLES

o i a u y é e è

CONSONNES SIMPLES.

q d g j z l b h k

f t p m n r c s x v

VOYELLES COMPOSÉES

ou on oi an ai eu un

CONSONNES COMPOSÉES

ch gn ill qu gu ph

DEUXIÈME PARTIE.

in im ain aim ein yn ym

an am en em è ai ei es et

on om un um e eu œu

é ez er o au eau oy ay

AVIS. — 1° Apprendre d'abord les éléments des lettres; 2° faire décomposer chaque lettre en ses éléments, en procédant de cette
manière : Le moniteur : Avec quoi est fait le q? L'élève : Avec un o et un bâton droit. — Et le d? Avec un o et un bâton tourné dans
le bas, etc., etc.

ou — on — oi — an — ai

eu — in — ch — gn — ill

ei — un — qu — gu — ph

d — q — g — j — z — l — b — k — f

t — p — m — n — v — r — c — x — s

N.° 9.

PREMIÈRE PARTIE

mare, prêtre, double, porte, bière, le mien.

fane, frère, un quai, mordre, fière, le tien.

bague, propre, manche, barbe, violon, le sien.

phare, plâtre, fondre, servir, viande, le foin.

chaque, cloître, feutre, sortir, tuile, le soin.

paille, boucle, teigne, partir, liane, recoin.

DEUXIÈME PARTIE

blanche, le vin, mère, le feu, béni, raison.

pendre, timbre, maire, œuvre, rentrer, giberne.

lampe, le pain, peine, dodo, nagez, partial,

trempe, la faim, cette, faute, je plaçai, bail.

bon, le sein, mes, beauté, o et u, soleil,

bombe, syntaxe, parfum, beaux, le nez, seuil,

patte, comme, chiffre, nappe, lit, pas, aux, drap

N° 10.

a	e	é	è	i	o	u	y	q
A	E	É	È	I	O	U	Y	Q
d	g	j	z	l	b	h	k	f
D	G	J	Z	L	B	H	K	F
t	p	m	n	v	r	c	x	s
T	P	M	N	V	R	C	H	S

L'année se compose de douze mois. Voici les mois : janvier, février, mars, avril, mai, juin, juillet, août, septembre, octobre, novembre et décembre. L'année est encore un espace de cinquante-deux semaines ou de trois cent soixante-cinq jours. Voici les jours : lundi, mardi, mercredi, jeudi, vendredi, samedi et dimanche. Rose, Marie, Pierre, Henri, Jean, Zoé, Thérèse, George, Félix, Ursule sont des prénoms.